새로운

▌정브르

113만 구독자를 보유한 생물 크리에이터로 MCN 회사 샌드박스네트워크 소속이에요. 곤충과 파충류부터 바다생물까지 다양한 생물을 소개하는 참신한 콘텐츠를 선보이며 생물 전문 크리에이터로 큰 사랑을 받고 있답니다. 유튜브 채널에서 동물 사육, 채집, 과학 실험 등의 재미있고 유익한 영상을 소개하고 있으며, 도서와 영화를 통해 고유의 콘텐츠와 더불어 동물을 사랑하는 마음까지 대중에게 알리고 있어요.

1판 1쇄 발행 2021년 3월 16일
1판 10쇄 발행 2025년 9월 9일

발행인 | 심정섭
편집인 | 안예남
편집장 | 최영미
편집자 | 손유라, 이은정
출판마케팅 담당 | 홍성현, 김호현, 신재철
제작 담당 | 정수호

발행처 | (주)서울문화사
등록일 | 1988년 2월 16일
등록번호 | 제 2-484
주소 | 서울특별시 용산구 새창로 221-19
전화 편집 | 02-799-9375 **출판마케팅** | 02-791-0708
본문 구성 | 덕윤웨이브 **디자인** | 권규빈

ISBN 979-11-6438-358-0

ⓒ정브르. ⓒSANDBOX NETWORK Inc. ALL RIGHTS RESERVED.

차례

프롤로그
생물인 정브르, 사육사 되다! • 4

1장. 사파리의 맹수를 만나다!

- 1화 동물의 왕, 사자의 비밀 취미 • 16
- 2화 귀여운 얼굴을 가진 포식자 • 36
- 3화 정브르가 사랑한 맹수 • 42
- 놀이 사자의 미로 찾기 • 56

2장. 정브르, 놀라운 조류를 만나다!

- 4화 물속을 날아다니는 새 • 60
- 5화 정브르에게 여동생이?! • 66
- 놀이 틀린그림찾기 • 74

3장. 서프라이즈! 놀라운 동물 세계

- 6화 동물 세계 인기쟁이는 누구? • 78
- 7화 평균 수명 150살의 동물?! • 90
- 탐구 정브르의 동물 탐구 • 96

4장. 정브르, 평화의 땅으로 떠나다!

- 8화 기네스북에 오른 동물은? • 100
- 9화 부릉부릉~ 대자연의 동물! • 106
- 10화 똥의 주인 코식이를 만나다! • 124
- 놀이 코식이의 미로 찾기 • 144

에필로그

- 임명! 명예 사육사 정브르 • 146
- 정답 • 151

프롤로그
생물인 정브르, 사육사 되다!

안녕, 친구들. 반가워요~. 생물인 유튜버 정브르입니다.

저는 어렸을 때 별명이 벌레였어요.

벌레

친구들이 그런 별명을 지어 줄 정도로 곤충을 사랑했었고 많이 빠져 있었기 때문에, 생물인이라고 봐 주시면 될 것 같습니다.

생물인 정브르

초등학교 때 곤충을 표본으로 만들어 가는 숙제가 많았거든요.

사슴벌레

그때 채집을 하면서 친구들이랑 즐거웠던 경험들이 쌓이다 보니까

곤충이 정말 좋아요~!

자연스럽게 곤충의 매력에 푹 빠지게 된 거죠.

꼬마 정브르

곤충을 찾아 자주 산에 가다 보니 자연에도 관심이 가고,

자연을 탐험하면서 도전 정신도 갖게 되었죠.

제가 좋아하는 것들을 찾고 탐구하면서 지금의 정브르가 탄생한 거예요.

현재의 정브르가 되기까지….

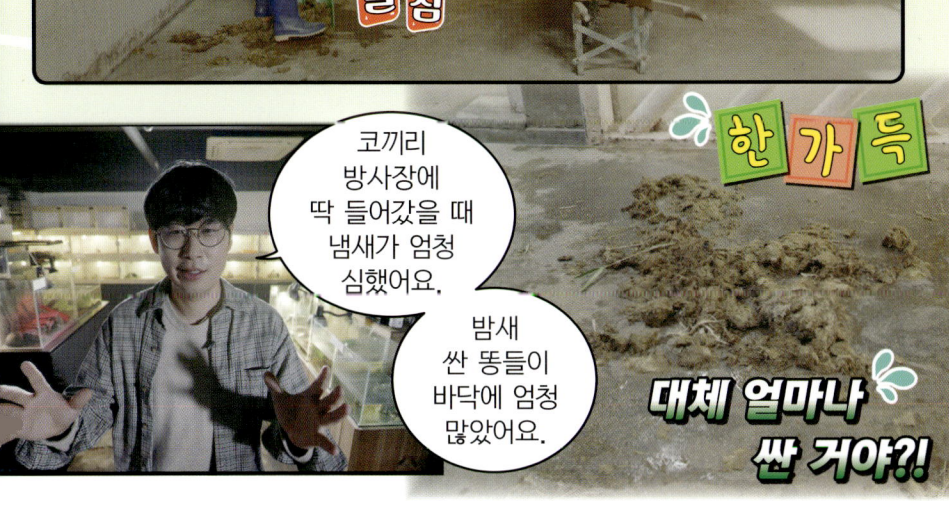

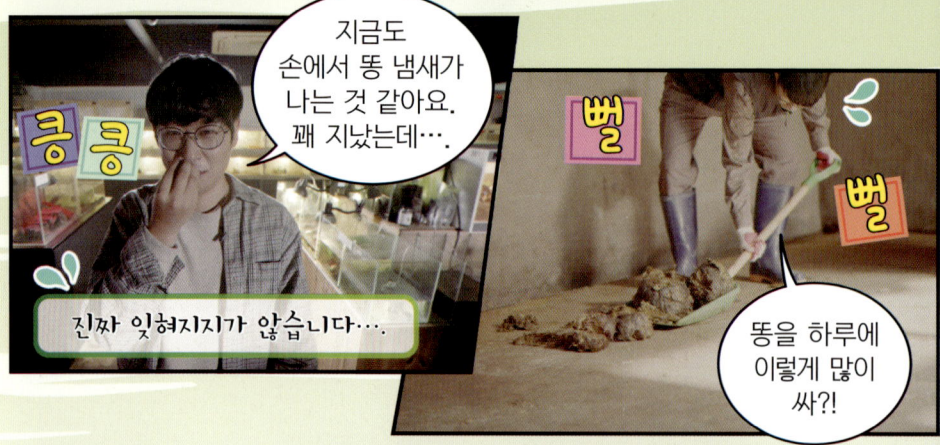

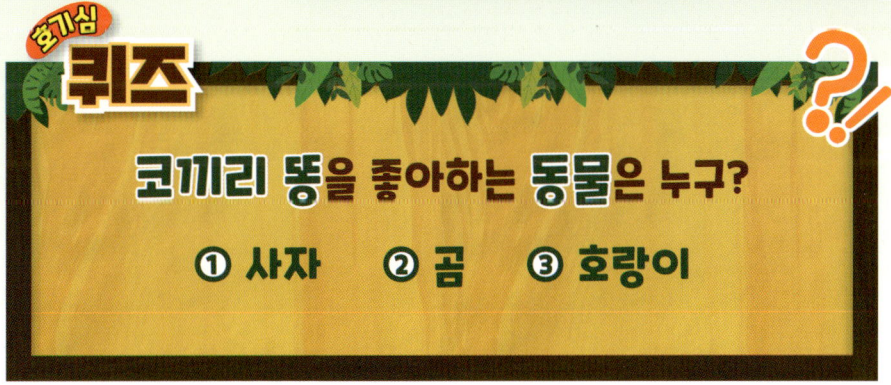

사파리의 맹수를 만나다!

늠름한 포스가 넘치는 사자
눈동자가 아름답고 신비로운 백호
귀여운 반달가슴곰과 거대한 불곰
멸종 위기의 한국 호랑이 남매
사파리 맹수 친구들을 만나러, 출발~!

1화
동물의 왕, 사자의 비밀 취미

삐 삐 삐

멀리서 지켜보는 정브르

드르륵

우와~ 사자다!

동물의 왕 등장!

역시 왕 포스!

사자들이 이렇게 단체로 몰려 있는 건 처음 봐요.

사자

감탄

여러분 정말 멋있죠?

먹이를 찾아 어슬렁거리는
포식자의 늠름한 모습!

배고파.

그리고 이 친구들이 아까 그 똥의 주인입니다.

무슨 소리냐고요?

이제부터 지켜보자고요!

씨익

???

코끼리 똥

!

아니, 이 냄새는?!

!!!

★정브트의 동물 탐구★

동물 이름 : 사자

사자는 뾰족한 송곳니를 가지고, 무는 힘이 강해서 사냥을 잘해요.
사자들은 무리 지어 생활하며 암컷이 사냥을 하고, 수컷이 무리를 지켜요.
또한 암컷 사자는 갈기가 없답니다.

몸길이	165~250cm	사는 곳	들판
몸무게	100~250kg	특징	코끼리 똥을 좋아함

2화
귀여운 얼굴을 가진 포식자

자, 이번에는 아주 멋진 장기를 가진 불곰 친구 만나러 갈게요.

브르 삼촌, 빨리 와~

부웅

곰은 동글동글해서 진짜 귀여워요.

귀엽죠. 근데 사자, 호랑이, 곰이 싸우면 불곰이 이겨요.

옛말에 산에서 곰을 만나면 죽은 척 하라고 했죠?

절대 그러면 안 되고 빨리 도망가야 해요.

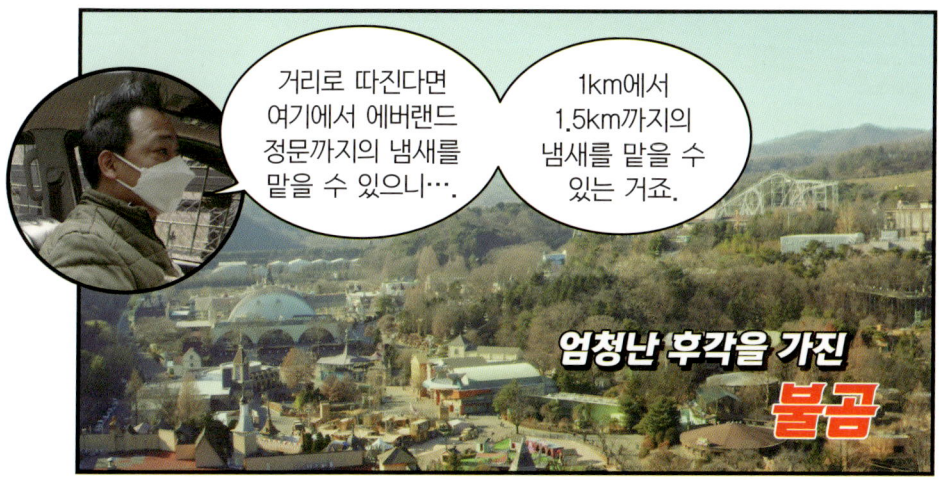

3화 정브르가 사랑한 맹수

"제가 그동안 호랑이를 많이 만나 봤지만 멸종 위기인 한국 호랑이는 본 적이 없는데요."

"얼마 전 이곳에 두 마리의 한국 호랑이가 태어났다고 합니다."

"그 친구들을 만나러 가 볼까요?"

출발~

"안녕하세요~."

"여기 태범이, 무궁이가 있는 거죠?"

"안녕하세요. 맞아요."

쉽지 않은 호랑이의 관심 받기

한국 호랑이가 멸종 위기긴 하지만 두만강에 30~50마리의 한국 호랑이가 있대요.

그 친구들이 자연에서 행복하고 건강하게 잘 지냈으면 좋겠어요.

꼭 그랬으면 좋겠습니다.

55

사자의 미로 찾기

사자가 좋아하는 똥이 숲에 놓여져 있어요.
똥을 하나씩 모아서 도착지로 가요!

정브르, 놀라운 조류를 만나다!

물속을 빠르게 헤엄치는 자카스 펭귄
사람의 말을 따라 하는
영리하고 귀여운 아프리카 회색 앵무새
놀라운 조류 친구들을 만나러, 출발~!

4화
물속을 날아다니는 새

짜잔~! 이번에는 자카스 펭귄을 만나러 왔어요.

바로 가 볼까요?

브르님께서 먼저 해야 할 일이 있어요.

시무룩

하지만 급 호출 된 정브르

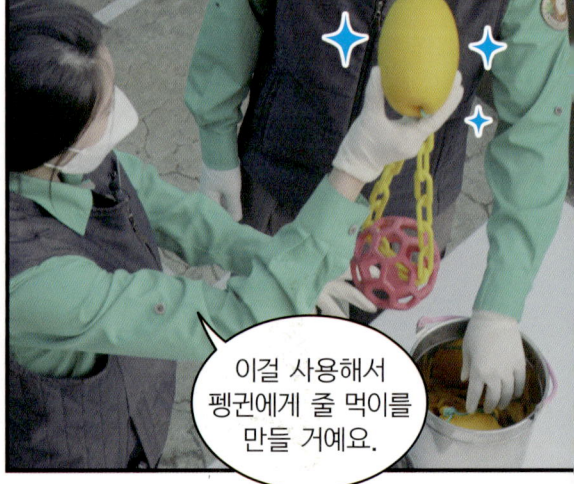

이걸 사용해서 펭귄에게 줄 먹이를 만들 거예요.

자카스 펭귄의 먹이 만들기!

① 펭귄이 좋아하는 양미리(물고기)를 준비해요.

② 사슬 고리에 양미리를 끼워 넣어요.

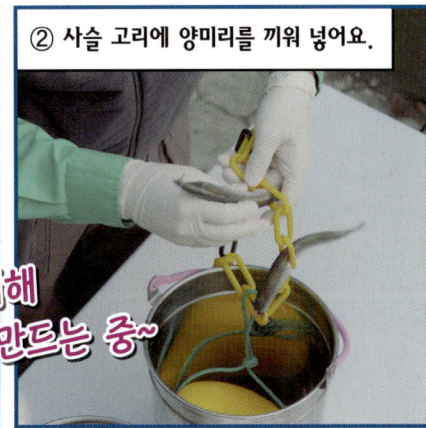

아이들을 위해 꼼꼼히 만드는 중~

③ 공에 뚫려 있는 구멍에도 양미리를 넣어요.

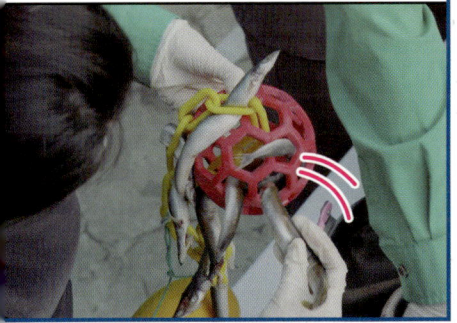

④ 양미리 장난감 완성!

짜잔

★정브르의 동물 탐구★

동물 이름 : 타조

펭귄처럼 날개는 있지만 날지 못하는 조류는 타조예요. 타조는 큰 몸에 비해 날개가 작아서 날 수 없답니다. 하지만 목이 길고 다리가 튼튼해서 달리기를 잘해요.

몸길이	180~250cm	수명	70~80년
몸무게	130~155kg	특징	달리기 속도 약 시속 60km

5화 정브르에게 여동생이?!

안녕!

이번에 소개할 친구는 말을 하는 재주가 있대요!

어떤 친구일까요~?

이 친구는 아프리카 회색 앵무새예요.

이름은 랄라랍니다~.

아프리카 회색 앵무새

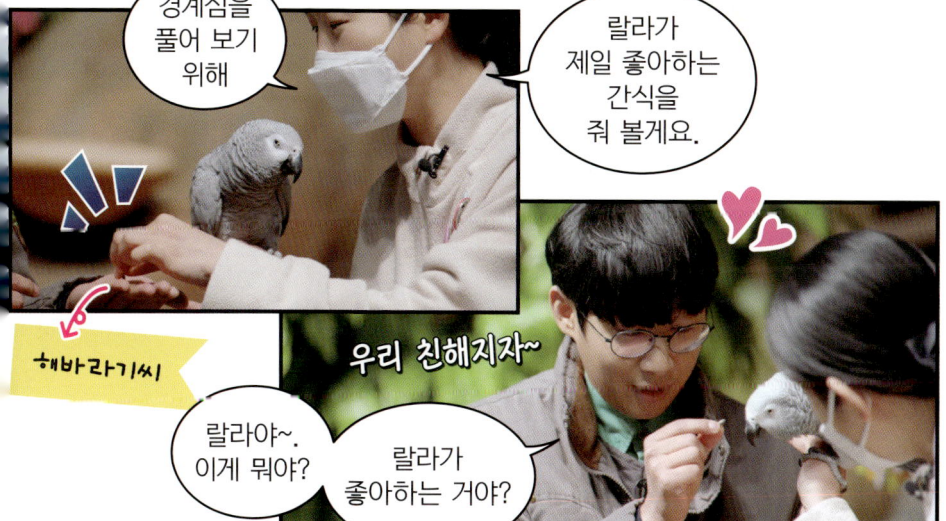

랄라의 성대모사

★정브르의 동물 탐구★

동물 이름 : 앵무

약 350~360여 종 정도의 앵무가 지구에 살고 있어요.
앵무는 사람과 비슷한 혀의 구조 덕분에 사람이 하는 말을 흉내 낼 수 있지요.
또한, 뛰어난 지능으로 훈련을 거치면 계산도 할 수 있답니다.

몸길이	9~99cm	사는 곳	열대 숲
먹이	나무 열매, 씨	특징	무리 생활을 함

틀린그림찾기

정브르가 랄라와 대화하고 있어요.
왼쪽과 오른쪽 사진을 비교하고 다른 곳 4군데를 찾아봐요.

서프라이즈! 놀라운 동물 세계

친화력 짱! 배려심 최고! 카피바라
집 짓기 대장이라 불리는 건축가 비버
한국 너구리와 닮은 라쿤
거대한 몸집을 자랑하는 엘더브라 육지거북
신기한 동물 친구들을 만나러, 출발~!

6화
동물 세계 인기쟁이는 누구?

새로운 동물을 찾아 떠난 정브르!

안녕하세요~. 이곳에는 어떤 친구들이 있나요?

뿌빠타운에는 40여 종의 다양한 동물 친구들이 살아요.

과연 어떤 친구들을 만나게 될까요~?

마지막으로 한국 너구리와 닮은 라쿤을 만났답니다.

라쿤

호기심 대장들

이건 뭐야?

뭐지?

균형 감각이 정말 뛰어나죠~?

다 다 다

호기심 퀴즈

카피바라가 좋아하는 것은?

① 온천욕   ② 낮잠   ③ 먹방

정답은 151쪽에!

7화 평균 수명 150살의 동물?!

거북
(엘더브라 육지거북)

호기심 퀴즈

거북의 나이는 어떻게 알 수 있나요?

① 목의 주름 ② 등갑의 나이테 ③ 직접 물어본다

정브르의 동물 탐구

사막여우

★정브르의 동물 탐구★

동물 이름 : 사막여우

사막여우는 얇고 큰 귀가 특징이에요.
두 귀로 열을 잘 내보내 체온을 유지할 수 있답니다. 또한, 털도 얇고 빽빽하게 나 있어요.

★정브르의 동물 탐구★

동물 이름 : 북극여우

북극여우는 추운 지방에 살아요. 대신 복슬복슬한 털과 짧고 둥근 귀 덕분에 체온을 따뜻하게 유지할 수 있답니다.

북극여우

★정브르의 동물 탐구★

동물 이름 : 바다 거북

바다 거북은 수중 생활에 적응하도록 다리가 지느러미처럼 생겼어요. 또한, 헤엄을 잘 칠 수 있도록 몸체도 날씬하답니다.

바다 거북

육지 거북

★정브르의 동물 탐구★

동물 이름 : 육지 거북

육지 거북은 땅에서 기어 다니기에 알맞도록 네 다리가 발달되어 있어요. 또한, 육지 거북은 위험에 처하면 머리와 다리를 등갑 안에 집어넣어 몸을 보호할 수 있답니다.

4장

정브르, 평화의 땅으로 떠나다!

- 목이 엄청 긴 키다리 기린
- 평화로운 초원 속 다양한 초식 동물
- 엄청나게 많은 똥의 주인 코끼리
- 대자연의 동물 친구들을 만나러, 출발~!

8화 기네스북에 오른 동물은?

이 많은 기린 중에서 기네스북에 오른 기린이 있대요!

어떤 기린이, 대체 무슨 이유로?!

누군지 궁금하지?

그 기린이 여러모로 대단한데요,

퀴즈

기린의 혀는 검푸른 색이다?

O X

정답은 151쪽에!

이곳은 조금 더 가까이에서 동물들의 숨소리를 들으며 교감할 수 있는 곳이에요.

평화로운 초원을 달리며 동물들을 찾아 모험을 떠나는 곳!

로스트 밸리

자동차를 타며 여러 동물을 만나러 출발~!

안녕하세요~.

두근두근

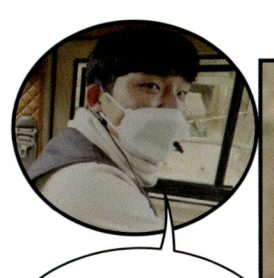
네. 눈이 옆에 있기 때문에 넓은 시야를 가져서 포식자들로부터 빨리 도망갈 수 있어요.

신기
눈동자가 빼기(-) 기호처럼 생겼네요~.

만나서 반가워. 내가 간식 줄게.

호로록~
와, 빨려 들어가는 느낌이에요.

한 번 더~!

호로로록~
진공청소기 같은 흡입력~

반대쪽에도 양들이 모여 있는데…!

이 친구들은 덩치가 제일 작은 무플론이라는 양이에요.

키가 약 70cm예요.

무플론

수컷만 뿔이 달려 있어요.

바바리양보다 뿔이 작죠?

혀로 간식을 잡아도 미끄러지지 않겠어요.

다음에 또 봐~!

이 친구들은 사슴의 얼굴을 한 소, 일런드 영양입니다.

몸길이가 약 3m로 엄청 큽니다.

일런드 영양

화나면 무섭겠네.

뿔이 굉장히 뾰족하고 멋지네요~.

목으로 하트도 만들 수 있는 새, 홍학이에요.

홍학

기린의 목뼈가 7개인데 홍학은 무려 19개나 된다고 합니다.

우와

우아한 자태가 매우 예쁘네요~

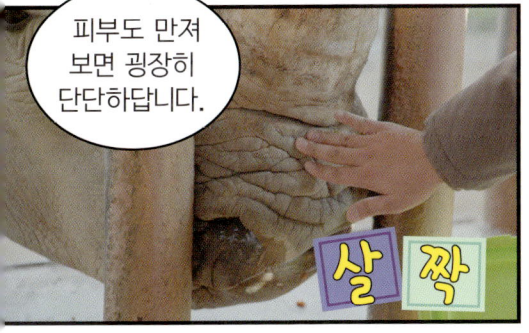

초성 퀴즈

목으로 하트를 만들 수 있는 동물은?

ㅎ ㅎ

정답은 151쪽에!

이번엔 많은 양을 줬는데…!

뱀이 사냥감을 감싸는 것 같아요.

휘릭

한 번에 감아 버리는 코!

코끼리의 코는 무려 15만 개의 근육으로 이루어져 있어요.

내 코 대단하지?

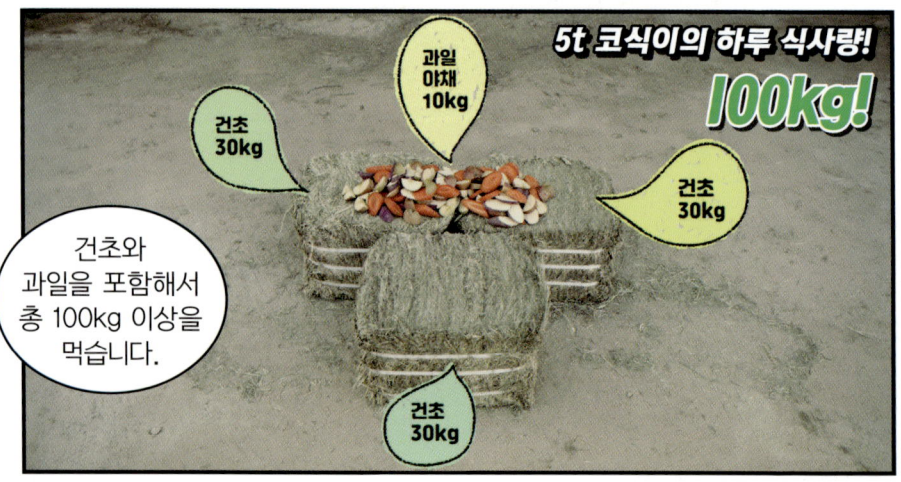

머쓱

다들 그 정도는 먹지~?

드넓은 야외 방사장,
이곳에서 코식이가 밥을 먹는대요~

야외 방사장은 처음 와 봐요.

코식이는 워낙 덩치가 커서 혼자 생활하고 있어요.

여기에 준비해 볼게요.

투욱

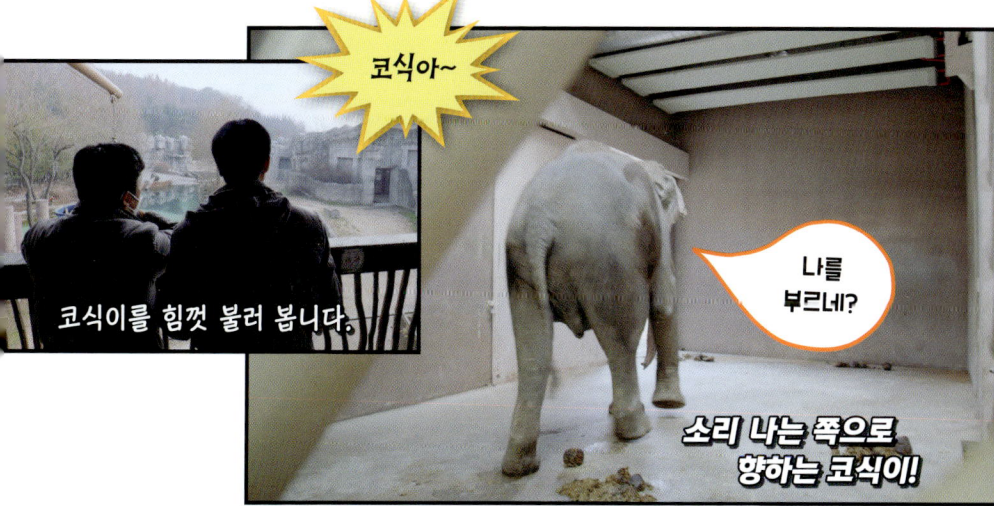

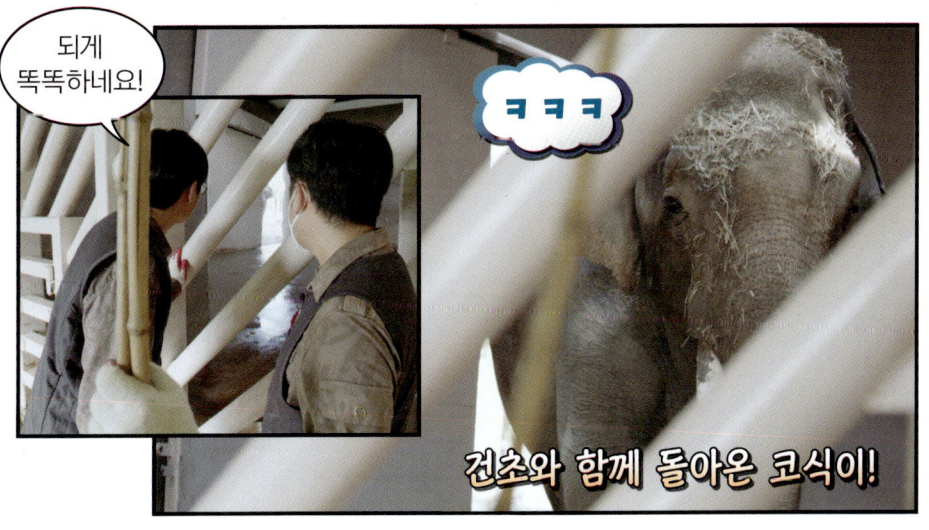

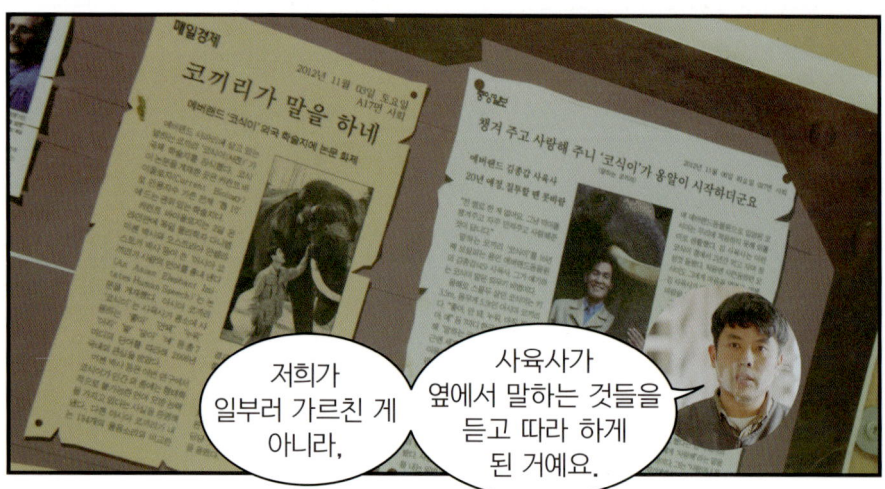

이제 코식이와 헤어질 시간이에요.

아쉬움
코식이 형, 다음에 봐~.

동생, 만나서 반가웠어~
코식아, 항상 건강하렴~

★쩡브르의 동물 탐구★

동물 이름 : 코끼리

코끼리는 아프리카코끼리와 아시아코끼리 두 가지 종류가 있어요. 아프리카코끼리는 현재 육지에 사는 동물 중에서 가장 크고, 암컷 수컷 모두 상아를 가지고 있는 게 특징이에요.

몸길이	5.5~7.7m	수명	60~70년
몸무게	3~7t	먹이	건초

코식이의 미로 찾기

배고픈 코식이가 먹이를 찾고 있어요.
맛있는 건초 더미가 있는 지점까지 코식이를 데려가 주세요.

에필로그
임명! 명예 사육사 정브르

정브르에게 **교감이란?**

제가 동물에게 사랑하는 마음을 표현했을 때 동물이 그 마음을 느끼고

동물 또한 저한테 감정을 표현했을 때,

제가 느끼는 마음이라고 생각합니다.

저와 함께 여러 동물 친구들을 만났는데요,

브르와 추억을 쌓은 멋진 동물들!

정답

13p
코끼리 똥을 좋아하는 동물은 누구?
① 사자   ② 곰   ③ 호랑이

25p
백호와 눈이 마주치면
행운이 온다.

41p
산에서 곰을 만나면 죽은 척해야 한다?

89p
카피바라가 좋아하는 것은?
① 온천욕   ② 낮잠   ③ 먹방

95p
거북의 나이는 어떻게 알 수 있나요?
① 목의 주름   ② 등갑의 나이테   ③ 직접 물어본다

105p
기린의 혀는 검푸른 색이다?

123p
목으로 하트를 만들 수 있는 동물은?
홍학

56~57p

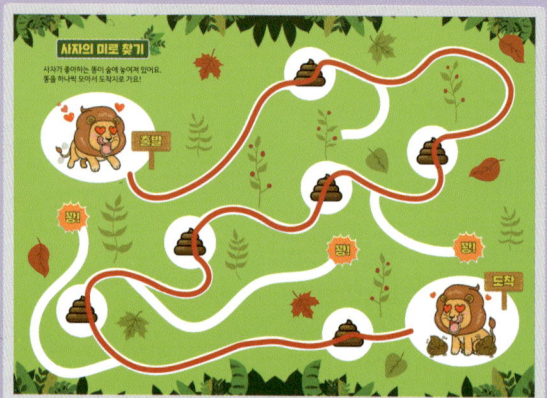

74~75p

144~145p

정브르의 동물 퀴즈 도감

땅에 사는 동물,
물을 오가는 동물,
하늘을 나는 동물을 주제로

신기하고 재미있는
동물 퀴즈를 풀어요!

호기심 동물 퀴즈

생생한 동물 관찰

구입 문의: 02-791-0708

브르. ⓒSANDBOX NETWORK.